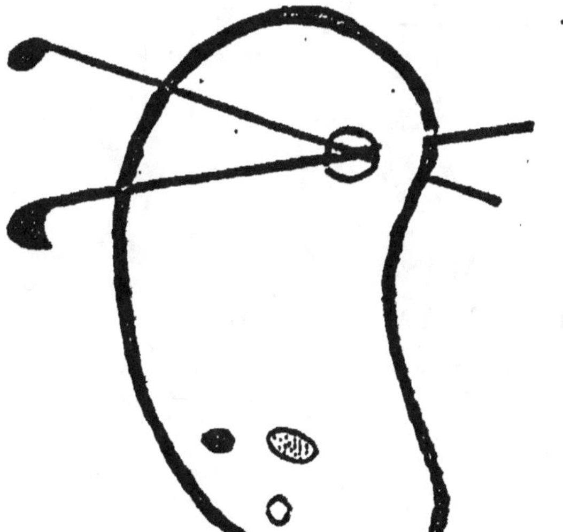

SOCIÉTÉ FRANÇAISE

DES

ÉCOLES COPTES D'ÉGYPTE

Autorisée par arrêté ministériel du 16 juillet 1889.

SIÈGE SOCIAL : 5, RUE DE TOURNON

ASSEMBLÉE GÉNÉRALE

DU

29 DÉCEMBRE 1892

PARIS

LIBRAIRIE V. RETAUX ET FILS

82, RUE BONAPARTE, 82

1893

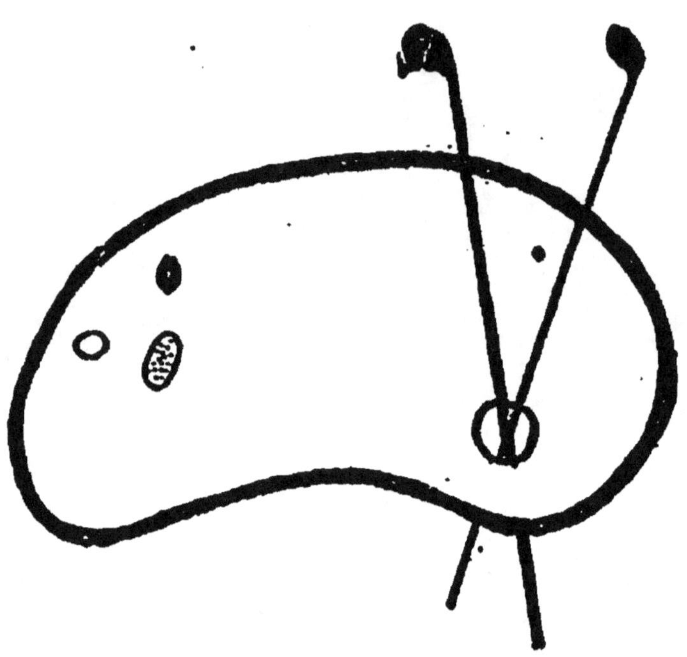

**FIN D'UNE SERIE DE DOCUMENTS
EN COULEUR**

SOCIÉTÉ FRANÇAISE

DES

ÉCOLES COPTES D'ÉGYPTE

ÉMILE COLIN — IMPRIMERIE DE LAGNY

SOCIÉTÉ FRANÇAISE

DES

ÉCOLES COPTES D'ÉGYPTE

Autorisée par arrêté ministériel du 16 juillet 1889.

———

SIÈGE SOCIAL : 5, RUE DE TOURNON

———

ASSEMBLÉE GÉNÉRALE

DU

29 DÉCEMBRE 1892

———

PARIS

LIBRAIRIE V. RETAUX ET FILS

82, RUE BONAPARTE, 82

—

1893

MEMBRES D'HONNEUR

MM.

Dr Amodru, conseiller général de Seine-et-Oise.

Prince d'Arenberg, député du Cher.

Aynard, député du Rhône.

Mgr Simon Barasa, ancien vicaire apostolique des Coptes catholiques d'Egypte, au Caire.

Bardoux, membre de l'Institut, vice-président du Sénat, ancien ministre.

Em. Barrière-Bey, directeur du *Bosphore égyptien*, au Caire.

Capitaine Binger.

Dr Blanche, membre de l'Académie de médecine.

Henry Bossut, ancien président de la Chambre de commerce de Roubaix.

Mme A. Couat, à Bordeaux.

Paul Crépy, vice-consul du Portugal, administrateur de la banque de France, président de la Société de géographie de Lille.

G. Deschamps, ancien membre de l'École française d'Athènes, professeur agrégé de l'Université.

Abbé Duclos, chanoine honoraire, curé de Saint-Eugène à Paris.

Flourens, député, ancien ministre des affaires étrangères.

De Fourtou, député de la Dordogne, ancien ministre.

Révérendissime Dom Gauthey, abbé du monastère Sainte-Marie-Magdeleine, à Marseille.

Abbé Humblot, curé de Neuville-sur-Ornain (Meuse).

Imbart de la Tour, maître de conférences à la Faculté des lettres de Bordeaux.

E. Jonquier, à Paris.

Mgr Kabès, vicaire apostolique des Coptes catholiques d'Égypte au Caire.

J. de Kerjégu, député du Finistère.

Mme O. Lacaze, à Bordeaux.

Amédée Lefévre-Pontalis, ancien député.

MM.

Paul LEROY-BEAULIEU, membre de l'Institut.

LOREAU, député du Loiret.

LYNIER, ancien bâtonnier de l'ordre des avocats, président de la Société de géographie de Nantes.

R. P. LE MENANT DES CHESNAIS, procureur des Missions coptes d'Egypte.

Mme E. MONTARIOL, à Bordeaux.

Abbé PAGUELLE DE FOLLENAY, chanoine honoraire, vice-recteur des facultés catholiques de Paris.

Henry PEREIRE, ingénieur.

Mme la baronne de PICHON-LONGUEVILLE, à Bordeaux.

Mme Julien PLAUT, à Paris.

PIOU, député de la Haute-Garonne.

Abbé POUSSET, chanoine titulaire, curé archiprêtre de Notre-Dame de Paris.

A. PROVOT, ancien banquier, à Paris.

Mme RICHON, à Châlons-sur-Marne.

RIOTTEAU, député de la Manche.

Charles ROUX, député des Bouches-du-Rhône.

Marquis de SÉGUR.

Jules SIMON, sénateur, ancien ministre, membre de l'Académie française et de l'Académie des sciences morales et politiques.

Dr V. L. SIMON, à Paris.

S. E. le cardinal THOMAS, archevêque de Rouen.

Abbé TOURREAU, vicaire général de Bordeaux.

E. WATBLED, consul honoraire.

DE VORGES, ministre plénipotentiaire, ancien agent et consul général de France au Caire.

COMITÉ

Président :	M. Charles DUPUIS, 27, rue Saint-Guillaume.
Vice-Président :	M. Emile BERTINOT, 4, rue Garancière.
Secrétaires :	M. Eugène GODEFROY, avocat à la Cour d'appel de Paris, 176, boulevard Saint-Germain.
	M. Louis DE FONTENAY, avocat à la Cour d'appel de Paris, 121, rue de Rennes.
Trésorier :	' M. Henri DUBOYS, 17, rue du Sommerard.

MM.

M. BEAU, 43, rue de la Chaussée-d'Antin.
L. BÉRENGER, 54, rue de Seine.
P. BÉZINE, 46, rue de Rennes.
L. CHEVALIER, 109, rue du Bac.
E. COSSON, avocat à la Cour d'appel de Paris, 81, boulevard
    Saint-Michel.
R. DECANTE, 3, rue Le Verrier.
L. DIMIER, 22, rue Monsieur-le-Prince.
J. DUBOIS-MÉNANT, 7, rue Daubigny.
Cie DE FARAMOND DE LAFAJOLE, 14, cité Vaneau.
E. FEHNER, 36, rue du Montparnasse.
E. DE FONTENAY, 121, rue de Rennes.
Joseph GODEFROY, 176, boulevard Saint-Germain.
HUBERT MÉNAGE, 23, rue Saint-Sulpice.
L. MAHUET, avocat à la Cour d'appel de Paris, 122, rue du Bac.
CH. PETIT, 9, boulevard des Filles-du-Calvaire.
G. PÉRÈS, 23, quai d'Anjou.
G. PLAUT, 18, rue Mozart.
G. REGNAUD, avocat à la Cour d'appel de Paris, 5, rue Papillon.
E. TOURNIER, rédacteur au journal *La Croix*, 55, rue du Cherche-
    Midi.
M. TRANCHANT, avocat à la Cour d'appel de Paris, 28, rue
    Barbet-de-Jouy.
M. TURMANN, 22, rue de Fleurus.

A l'ouverture de la séance, M. Dupuis, président de
la Société, adresse, dans les termes suivants, quelques
mots de remerciement à M. Imbart de la Tour, maître
de conférences à la Faculté des Lettres de Bordeaux,
membre d'honneur de la Société, qui a bien voulu accepter de présider l'assemblée :

MESDAMES,

MESSIEURS,

Nous avons ce soir la bonne fortune de voir au milieu de nous un de nos membres d'honneur envers les-

quels notre Société a contracté la plus lourde dette de reconnaissance. Lorsque, sous l'inspiration du R. P. des Chesnais, nous eûmes la pensée de disputer à nos rivaux ce qui nous reste en Egypte de sympathies et d'influences, notre ami Imbart de la Tour fut des premiers à en apprécier la valeur, à nous encourager et à nous soutenir; lorsqu'à l'heure des difficultés nous avons fait appel à son dévouement, il n'a jamais considéré la peine que nous lui demandions, il n'a envisagé que l'intérêt de notre œuvre; il ne nous a jamais mesuré son concours, toujours il nous l'a donné tout entier. Je n'entreprendrai point d'énumérer les services dont nous lui sommes redevables, je ne vous dirai point les raisons pour lesquelles, quelque bien que nous pensions de lui, nous n'en saurions trop penser; sa modestie ne me permettrait point d'exprimer toute ma pensée; mais je tiens au début de cette séance à le remercier de la bonne grâce avec laquelle il a consenti à dérober quelques instants à ses multiples occupations pour venir présider notre réunion, élever ici une voix plus autorisée que celle à laquelle vous êtes accoutumés et vous dire : Vous avez bien fait de jeter un regard au-delà de nos frontières, de ne pas désespérer de l'avenir et de tenter de relever en Egypte le drapeau chancelant de la France. Avant d'avoir le plaisir de l'entendre, Mesdames et Messieurs, nous devons vous rendre compte de l'emploi de notre année. Vous ne nous donnez pas seulement de théoriques sympathies; vous nous prêtez un concours actif et dévoué, vous êtes en droit de savoir comment nous nous efforçons de justifier la confiance que vous voulez bien nous accorder. Aussi vais-je prier le président de l'assemblée de vouloir bien donner successivement la parole à notre collègue Bertinot, chargé, cette année, de faire le récit de nos travaux, et à notre trésorier, M. Duboys, qui vous présentera notre bilan financier.

Rapport sur la situation de la Société en 1892

Par M. BERTINOT, *Vice-Président.*

MESDAMES,

MESSIEURS,

Ce n'est pas sans quelque embarras que je m'acquitte aujourd'hui de la tâche dont notre président m'a confié la charge. Je dois vous exposer l'histoire de notre Société durant l'année qui vient de s'écouler : cette histoire ressemble beaucoup à celle qui vous fut contée l'an dernier. Il faudrait le talent d'un artiste bien habile pour vous présenter un tableau vous donnant l'illusion de la nouveauté; je n'ai garde d'y prétendre et m'estimerais fort heureux si, de l'exposé que vous allez entendre, vous n'emportiez point l'impression d'une esquisse déjà vue avec la différence qui sépare la copie de l'original.

Je me ferais scrupule de retenir longtemps votre attention et j'espère que l'intérêt que vous portez à nos efforts, le désir que vous avez d'en apprendre les résultats vous feront oublier la sécheresse d'un rapport dont la brièveté sera le principal mérite.

Vous connaissez tous, tout au moins pour en avoir lu la description, la contrée riche, fertile, qui forme l'objet de nos préoccupations, l'Egypte, contrée lointaine, où un instant nous avons été les maîtres, où l'on voudrait nous réduire à néant, où nous luttons chaque jour pour ne pas laisser disparaître à jamais notre légitime influence mais pour lui préparer un nouvel avenir.

En évoquant devant vous cette contrée pleine de souvenirs glorieux pour notre patrie, je ne puis parler du Caire ou notre premier élève enseigne depuis un an sans rendre hommage au ministre qui y tient d'une main si ferme le drapeau de notre pays.

M. le marquis de Reverseaux sait allier à l'extrême courtoisie des rapports une vigueur de nature à convaincre nos rivaux que, si notre politique en Egypte est éloignée de toute pensée agressive, elle entend toutefois assurer sans défaillance le respect aes droits que l'on ne saurait nous contester. Nous ne doutons point que cette attitude calme et digne ne porte ses fruits et nous y trouvons un encouragement à persévérer dans la voie où nous sommes engagés.

L'année dernière, à cette même place et dans la même circonstance, l'on vous disait : « Je ne doute pas que celui de nos collègues qui aura l'honneur de présenter le rapport de fin d'année ait le plaisir de vous apprendre que la première école dirigée par un de nos enfants est en pleine prospérité et que Sarkis y enseigne, en même temps que notre langue, l'amour de notre pays. »

Le souhait de l'année dernière est une réalité, non pas tout à fait telle que nous l'avions projetée; mais une réalité dont nous devons nous féliciter et dont l'accomplissement est en grande partie dû à l'un des plus zélés défenseurs de la foi catholique en ce pays, à Mgr Simon Baraja, vicaire apostolique des Coptes catholiques.

Convaincu du haut intérêt de notre œuvre, il nous seconde de tout son pouvoir.

Il voudrait relever cette nation si intelligente, si ferme dans sa foi, lui faire comprendre ce qu'il lui est possible de faire, ses devoirs et ses droits, la place qu'elle doit occuper sous le beau soleil de l'Orient comme autrefois. Il a compris le but que nous poursuivons et son concours nous a été acquis. Il déploie le zèle le plus actif et le plus intelligent pour développer, avec l'étude de la langue française, les sympathies prêtes à venir vers nous. C'est lui qui, l'année dernière, nous a demandé Sarkis Eskaros pour lui confier le soin d'enseigner à l'École patriarcale du Caire. Les renseignements et les témoignages qui nous sont parvenus prouvent que notre élève a profité des leçons reçues en France et qu'il sait en faire profiter les autres.

Je dois l'avouer, nos ressources ne nous permettent pas encore de subvenir à toutes les nécessités premières de cette école. Mais elle existe, elle croîtra, prospérera, si vous voulez bien continuer à porter intérêt à nos efforts et nous prêter un concours actif et dévoué ; nous espérons la voir aussi prospère que celles qui sont établies sous nos auspices à Kolossnah et au Vieux Caire.

Les débuts de ces écoles sont d'un augure favorable. A peine ouvertes, les écoliers arrivent en foule sans distinction de religion. L'attrait d'un enseignement français suffit à les attirer pêle-mêle. C'est que le souvenir de la France est toujours vivace dans le cœur des Coptes. Ils se rappellent encore les grandes journées des armées de « Napoléoun » et les travaux considérables qui ont amené quelque peu de bien-être et de civilisation dans leur pays. Profitons de ces bonnes dispositions et encourageons-les.

Depuis quatre ans bientôt que nous existons, nos efforts ont constamment tendu vers ce but : faire connaître à notre pays les aspirations de ce peuple.

Grâce au zèle infatigable du R. P. Le Menant des Chesnais qui s'est voué à cette œuvre avec son âme d'apôtre, nous nous faisons connaître chaque jour davantage. Du nord au midi, du levant à l'occident, son ardeur ne recule devant aucun obstacle. Sous le souffle ardent de sa parole retentissante, les murailles d'indifférence qui enferment le cœur de ses auditeurs tombent pour ne plus se relever, l'émotion gagne les assistants les plus rebelles, et les bourses s'ouvrent pour se vider.

Dès les premiers jours de cette année, le 3 janvier, le R. P. Le Menant des Chesnais se met en campagne et dans la même journée fait à Rouen deux sermons : le matin à l'église Saint-Godard et le soir à l'église Sainte-Madeleine. Il n'est que juste d'adresser publiquement nos remerciements à M. Debauvais curé de l'église Saint-Godard, et à M. Daubeuf, curé de l'église Sainte-Madeleine, pour l'accueil charmant qu'ont reçu le Révérend Père et nos enfants. Présentés à Mgr Thomas dont l'élévation prochaine à la pourpre cardinalice sera une juste récompense de ses longs travaux, nos enfants furent reçus à bras ouverts et la cause si bien plaidée par le Révérend Père gagna une éminente et généreuse sympathie de plus. Nos enfants ont conservé bon souvenir du paternel accueil qui leur a été fait. Ils sont revenus les poches pleines de friandises et les oreilles emplies de fortes et pénétrantes paroles. Si les premières ont promptement disparu, l'effet des secondes a été plus durable, et ils n'oublieront pas les exhortations patriotiques qu'ils ont recueillies de la bouche d'un des plus éminents représentants de l'Eglise de France.

A la fin du même mois, le 30 janvier, une assistance d'élite se pressait dans la salle des fêtes de l'Hôtel-de-Ville de Bar-le-Duc. M. Baudot, représentant de l'Alliance française dans cette ville, avait invité le R. P. Le Menant des Chesnais à y faire le tableau des intérêts français en Orient. M. le Préfet de la Meuse avait bien voulu accepter la présidence de cette réunion, et ce fut lui qui accueillit le Révérend Père par quelques mots de bienvenue. Après avoir, dans une première partie de son discours, étudié l'influence française en Egypte, la part importante que l'Alliance française prend au développement de notre belle langue dans tous ces pays d'Orient, dans une seconde partie le Révérend Père expose le but de notre œuvre : fonder des écoles dans la haute Egypte, instruire et élever en France des enfants égyptiens, qui, de retour dans leur pays, feront chérir la patrie française comme ils auront appris à l'aimer sur son sol.

Un autre mois ne s'était pas écoulé que le midi de la France voyait le R. P. des Chesnais. Grâce à la bienveillante sympathie de Mgr l'évêque de Bayonne, l'hospitalité la plus large fut offerte à Pau à nos enfants.

Ce fut par une lettre charmante qui est restée gravée dans le cœur de nos enfants, que Monseigneur les accueillit. Qu'il nous permette de lui exprimer toute notre gratitude pour le chaleureux appui qu'il veut bien prêter à une œuvre dont il a si bien saisi la patriotique utilité. Il voulut bien ensuite présider la cérémonie à l'église Saint-Martin où le Révérend Père tint pendant plus d'une heure l'auditoire sous le charme de son récit. Peu après notre missionnaire (je puis l'appeler ainsi) repart et prend la parole à Bordeaux.

Cette cité nous réserve chaque année un bienveillant et sympathique accueil. Grâce à quel initiateur, mesdames et messieurs ? Je ne veux pas le nommer de peur que sa modestie ne m'en fasse un reproche, mais vous n'aurez point de peine à le deviner, car il est au milieu de nous. Grâce à son zèle, à son dévouement à notre cause, il s'est établi dans cette grande ville un comité de dames patronnesses qui, chaque année, nous rappelle et nous aide à faire face aux charges de notre budget. Le 25 mars, l'église Notre-Dame nous ouvrait ses portes. Un auditoire d'élite se pressait en foule pour entendre la parole chaleureuse qui lui redisait et nos efforts et nos espérances.

Deux autres réunions organisées par un des membres les plus actifs de notre comité eurent un égal succès.

Vincennes, le 3 juillet, vit arriver avec quelque stupéfaction nos enfants et apprit avec plaisir que ces Africains étaient des amis de la France.

Pontoise, le 19 décembre, grâce au concours des principaux notables de la ville, accourut à notre appel pour entendre une conférence sur la France et l'Egypte.

Le Révérend Père, encore sous le coup des récents événements survenus parmi les Coptes d'Egypte, y a fait un récit émouvant des souffrances passées de ce peuple, des efforts des autres puissances qui cherchent à l'annihiler et de la constante fermeté des indigènes « qui ne veulent pas chanter l'italien, siffler l'anglais, hacher l'allemand, mais parler la belle langue de France qu'ils aiment. »

Vous voyez, Mesdames et Messieurs, que non seulement nous avons reçu partout un accueil sympathique, mais que nous avons préparé une abondante moisson.

Les récents événements auxquels je faisais allusion sont le résultat d'un état de choses fort ancien dans la nation. Les Coptes, j'ai à peine besoin de vous le rappeler, se tiennent aujourd'hui encore en grande majorité en dehors de l'Eglise catholique. Ils ne reconnaissent pas la hiérarchie romaine, du moins en dehors du vaillant petit groupe de Coptes unis à Rome dans lequel nous comptons nos alliés les plus fidèles. Leur patriarche est nommé par le collège des évêques coptes; il est reconnu et confirmé par le souverain temporel. Ses pouvoirs, loin d'être limités au spirituel, s'étendent jusqu'au statut personnel de ses ouailles et il est investi, sur les biens de la communauté religieuse, de droits d'administration très étendus; ces droits ne sont tempérés que par l'assistance d'une commission dont les attributions sont mal définies. Un conflit s'est élevé, il y a peu de temps, entre le patriarche Mgr Kyrillos et certains membres de la commission. Le patriarche prétendait gouverner; la commission entendait le réduire au rôle plus effacé d'exécuteur de ses décisions. Le clergé a pris fait et cause pour le patriarche; les fidèles se sont déclarés pour la commission; l'autorité civile venant à être saisie du différend, l'a tranché sommairement en reléguant le patriarche et l'évêque d'Alexandrie, son lieutenant, dans deux couvents coptes de la haute Egypte. Le désarroi règne donc parmi les schismatiques. Les Anglais comme toujours ne paraissent pas étrangers à ce désordre. En tout cas ils veulent en profiter.

Répondons-leur en faisant rentrer au bercail les brebis égarées. C'est dans ce but que l'Œuvre des Ecoles d'Orient fait un chaleureux appel aux oboles catholiques pour développer les œuvres en ce pays. Plus ancienne que l'Alliance française qui subventionne tous ceux qui soutiennent au loin l'honneur du nom français, elle joint la propagande catholique à la divulgation de la langue française. Plus restreinte quant au théâtre de son action, elle limite à l'Orient ses efforts.

Sous la vigoureuse impulsion de son directeur actuel, le Père Charmettant, l'Œuvre des Ecoles d'Orient a pris une importance considérable ; mais on ne saurait en parlant d'elle oublier celui qui, après en avoir été l'âme lorsqu'il s'appelait l'abbé Lavigerie, n'a jamais cessé d'y porter le plus vif intérêt. Monté au faîte des honneurs, choisi à plusieurs reprises par Léon XIII pour être l'initiateur de décisions importantes, malgré les multiples occupations qui absorbaient son activité, il luttait toujours contre quiconque tentait de desserrer ou de briser le lien étroit qui unit, sur le sol étranger, le progrès de la foi catholique et l'accroissement de l'influence française. Sa mort doit être déplorée par toute âme française et surtout par ceux qui, comme lui, ont à cœur le développement du catholicisme et le prestige de la France. Nous inspirant de ses desseins et de ses exemples, nous nous efforcerons dans notre sphère de contribuer à ce double résultat.

Notre voie est déjà ouverte par notre premier élève retourné en Egypte.

Ceux qui sont restés en France travaillent avec ardeur. Khamel Sabaà-el-Lail et Agaebi Baraja ont obtenu, avec un éclatant succès, leur certificat d'études au mois de juin dernier devant la commission siégeant à la Haye-Pesnel, près de Sainte-Pience. Un autre, Halim Khouzam, prépare son brevet de capacité et espère le conquérir brillamment. A peine arrivé depuis deux ans en France, Chokr-Allah Ouassef a fait assez de progrès pour que nous pensions à le présenter au certificat d'études au mois de juillet prochain. Le dernier venu, Soubi, arrivé au mois de mai dernier, n'est encore qu'au début de ses études ; mais il ne nous a donné jusqu'à présent que des motifs de satisfaction.

Leur maître rend un témoignage favorable à ses jeunes élèves qui mettent à profit le dévouement dont ils sont l'objet, et l'inspecteur d'Académie n'hésite pas à ratifier ce témoignage.

Nous ne doutons pas que leurs progrès ne continuent sous la vigilante impulsion du R. P. Le Menant des Chesnais.

Mais pour que ces efforts portent leurs fruits, il faut que nos ressources suivent une marche ascendante, que notre crédit s'affermisse, que l'opinion nous encourage.

L'an dernier, un écho affaibli des paroles bienveillantes du rapporteur du budget du ministère des affaires étrangères à la Chambre des Députés, nous est parvenu, faisant résonner à nos oreilles des mots pleins d'espoir.

Le rapporteur déclarait que notre société formée dans le but d'attacher à la France les éléments favorables de la population égyptienne pourrait apporter un concours efficace à ceux de nos compatriotes qui luttent obstinément pour le maintien des droits qu'un long passé, plein de glorieux souvenirs, nous a donnés sur la vallée du Nil. Nous enregistrons avec plaisir de tels encouragements et ne pouvons en attendre que d'heureux effets.

Vous le voyez, Mesdames et Messieurs, nous n'aurions, pour ainsi dire, qu'à nous reposer confiants dans l'avenir, si la nécessité de soutenir des charges destinées à s'accroître ne formait continuellement pour nous l'objet de graves préoccupations. Il est indispensable d'augmenter nos ressources; nous n'avons fait appel jusqu'ici qu'au concours direct et essentiellement généreux des personnes susceptibles de comprendre et d'apprécier la portée de l'œuvre que nous avons entreprise. Nous nous demandons s'il ne serait point temps de recourir à des procédés qui nous assureraient le concours de personnes étrangères à ces questions d'expansion extérieure de la France et plus ou moins disposées à donner leur temps et leur argent à une entreprise dont elles n'entrevoient pas aussi nettement l'importance. Nous songeons à joindre au produit des cotisations de nos associés les éléments de recette que peut fournir une fête de charité. Pour donner à nos projets l'efficacité désirable, nous avons besoin de vos encouragements et de votre appui.

C'est surtout parmi vous, Mesdames, que nous souhaitons de trouver des alliées bienfaisantes. Infiniment mieux que nous, vous avez l'art d'ouvrir les cœurs et de vider les bourses. Là où notre inexpérience, pour ne pas dire notre maladresse, échoue, vous savez réussir. Là où notre comité ne peut atteindre, nous vous prions de demander pour nos enfants, pour nos écoles, les ressources nécessaires à les faire vivre et prospérer. Il suffit que vous le vouliez pour que nos efforts ne restent point stériles.

Nous avons le ferme espoir que vous voudrez assurer notre succès.

Rapport de M. Henri DUBOYS, trésorier.

MESDAMES,

MESSIEURS,

J'ai l'honneur de vous soumettre, conformément à l'art. 15 de nos statuts, le bilan financier de notre Société pour l'année scolaire 1891-1892.

Le reliquat de l'année 1890-1891 en caisse au 1er octobre 1891 s'élevait à. . .	628 f. 80
Les recettes provenant tant des cotisations des membres du comité et des membres associés que de quêtes et dons manuels ont atteint le chiffre de	6.285 50
Soit ensemble.	6.914 30

Nos dépenses se sont réparties de la manière suivante :

Loyer, contributions.	1.570 f. 10
Entretien des jeunes Coptes.	3.430
Impression du compte-rendu	156
Frais de bureau de poste et divers . .	604
Emploi du montant des souscriptions perpétuelles en achat de 20 francs de rente russe 1889 et 1 quart d'obligation Ville de Paris 1871	590 45
Soit ensemble	6.350 85

années déjà lointaines mais dont le souvenir m'a profondément touché. Je ne parle que de notre œuvre. Je revois ses débuts, dans cette chambre d'étudiant où groupés autour du P. Des Chenais nous rêvions déjà la conquête de l'Egypte, son appel à l'opinion, ses premiers pas dans le monde, puis l'arrivée de nos jeunes Coptes, cette petite salle de la rue de Tournon servant à la fois de classe, d'étude, de réfectoire et, aux grands jours, de salon. Tout cela est le passé. Le succès est venu et vous reste fidèle. Vous faites mentir le proverbe qui veut que les peuples heureux n'aient point d'histoire. Car la vôtre se sait, Messieurs, et nul n'en peut douter après les rapports que vous venez d'applaudir. Qu'il me soit donc permis à mon tour de vous apporter le modeste hommage d'un ami. J'ai eu foi dans votre œuvre, parce que j'ai eu foi en vous et dans l'apôtre qui vous guide. Aussi est-ce d'un cœur reconnaissant que je prends part à cette fête, qui est vraiment pour moi une fête de famille. Il est toujours agréable à un croyant de voir qu'il ne s'est pas trompé.

Votre œuvre est née d'un désastre national. Alexandrie bombardée, l'Angleterre sur le Nil, l'Egypte perdue. . je n'insiste pas sur ces faits si douloureux à l'honneur, si funestes à l'intérêt national. Est-il personne en France aujourd'hui qui ne déplore les fautes commises et ne souhaite de les voir tôt ou tard réparées? Surprise d'abord, l'opinion publique s'est ressaisie. On peut dire que la cause de l'Egypte est gagnée devant elle. Honneur à nous, messieurs, d'avoir été les premiers à la défendre. Vous n'avez pas voulu laisser prescrire sur le Nil l'action de la France, vous avez repris vaillamment, par l'école et l'église, la conquête pacifique, la seule qui nous fût possible, la seule qui soit conforme à nos traditions : voilà votre tâche et laissez-moi vous dire qu'il n'en est pas de plus utile, de plus attachante, de plus française parce qu'elle est entreprise par la jeunesse et que les dévouements qu'elle appelle sont mis au service des deux plus nobles causes : celle du christianisme et celle de la patrie.

Vous êtes jeunes : ne vous en plaignez pas. Ne craignons pas surtout, mes chers amis, que l'âge refuse des titres au succès. Les années ici ne font pas compte : ce qui importe, c'est de croire que l'on peut quand on veut et que l'on ose, que l'action est encore la meilleure forme de la vie et que les calculs égoïstes ne valent pas le don généreux que l'on fait d'une part de soi-même à son pays ou à ses idées. Nous avons tous plus ou moins un poème dans notre cerveau et notre cœur, une terre promise, mystérieuse et inconnue, que l'on entrevoit à vingt ans, vers laquelle l'espérance nous pousse à pleines voiles et où l'on aborde quelquefois, mais à un âge où on regrette toujours d'être parti. Votre rêve à vous, c'est l'Egypte. Vous l'avez entrevue, au moins par le désir. Cette terre des Pharaons, toujours blanche sous son ciel bleu, où il fait doux de vivre et de se souvenir, le long ruban déroulé par la Providence à travers un continent comme pour porter du cœur de l'Afrique aux extrémités la fécondité et la richesse, ces palmiers verts où s'abritent encore les oiseaux sacrés du fleuve, tels qu'au temps des Ramsès ou des Amenophis, ces grandes plaines arides que trouent çà et là des débris gigantesques comme des os blanchis à travers un suaire, ces temples qui semblaient bâtis pour enfermer l'infini, toujours debout, laissant passer à travers leurs lézardes la lumière immobile ; ces pyramides, bornes merveilleuses posées aux portes du désert et au seuil de l'Afrique ; par-dessus tout cette heureuse mélancolie de l'Orient qui vient à la fois des hommes et des choses, de la nature et de l'histoire... Ah ! qui n'envierait votre rêve et ne donnerait une heure, un jour, une année de son temps pour la conquête de ce joyau qui était à nous et que nous ne pouvons croire perdu sans retour !

On ne peut voir l'Orient sans l'aimer. Ne vous défendez pas, Messieurs, de l'aimer sans le connaître. tel qu'il s'est révélé à nous, écoliers sous le pinceau d'un Delacroix ou la plume d'un Chateaubriand. Mais dans cette légende dorée qu'évoque malgré moi cette fête toute française, ne cherchons pas seulement des sujets de tableaux pour nos peintres ou nos écrivains. Cette Égypte qui aspire à renaître, à secouer ses cendres, attend de nous autre chose — et ce que la France lui doit et se doit à elle-même, je vais vous le dire.

Il y a une question d'Égypte parce qu'il y a une question d'Orient. On nous reproche, il est vrai, messieurs, de la soulever pour nous réserver le bénéfice de la résoudre. Nous voulons la liberté de l'Égypte, on nous accuse de poursuivre sa conquête. Le reproche est plaisant dans la bouche de ces protecteurs hypocrites de l'Empire ottoman qui commencent par s'emparer des provinces qu'ils veulent défendre. Non, l'Égypte ne doit être à personne : elle a le droit d'être à elle-même, et les premiers actes du jeune prince appelé aujourd'hui à régner sur elle nous font espérer qu'elle saura se reprendre. A cette œuvre de délivrance, la France ne saurait refuser son estime et son appui. Elle s'est engagée par ses traditions, elle, la vieille et sincère amie de l'Égypte, la protectrice nécessaire des petits États, et ses traditions sont ici d'autant plus fortes qu'elles lui ont créé des droits et sont d'accord avec ses intérêts.

Vous entendrez dire parfois : — « Que pensez-vous à l'Égypte? Regardez ailleurs, vers vos frontières. » Ah Messieurs, la frontière de la France est-elle donc seulement aux Vosges ou aux Alpes? Ah! celle-là nous est deux fois sacrée, car nous l'avons acquise au prix de

notre sang, car nous n'oublions pas que nous souf-
frons encore des mutilations qu'elle a subies, car
nous veillons, l'arme au bras, pour la défendre. Ce
n'est pas nous, partisans résolus d'une intervention en
Orient, qui renoncerons au secret espoir dont nul ne
parle mais qui vit au fond de tous les cœurs. Ecoutez
cependant. Là où est un intérêt français, là où flotte le
drapeau, là où se parle notre langue, là est encore le
sol de la France Que celui-là nous soit aussi cher à
conserver. Nous ne pouvons renoncer au patrimoine
de nos pères et le léguer amoindri à ceux qui viendront
après nous. Quoi donc, messieurs! Alors que l'Afrique
se partage, que les nations se taillent une part royale
dans le continent déjà trop petit pour leurs convoitises,
nous seuls serions impuissants, je ne dis pas à étendre,
mais seulement à défendre notre bien? Nous irions de
gaîté de cœur livrer à des mains étrangères la Méditer-
ranée, ce lac de la France! Nous irions abdiquer cette
influence séculaire que nous ont donnée en Syrie comme
en Egypte, l'histoire, les traités, l'amitié même des
peuples de l'Orient! Cela, nous ne le pouvons pas. La
route des Indes et de Suez doit être ouverte et la France
a le devoir de veiller à ce qu'elle le soit. Nous ne laisserons pas à d'autres, Anglais, Italiens ou Allemands,
les clefs du passage. La liberté de notre commerce, de
notre action maritime a pour condition l'indépendance
de la vallée du Nil. Nul n'a le droit de disposer de
l'Egypte sans elle et sans nous.

La liberté de l'Egypte et l'intérêt de la France ne
sauraient se prescrire et ce n'est point un jour de fai-
blesse qui peut faire perdre à l'Egypte l'appui de la
France, et à la France ses droits à l'attachement de
l'Egypte. Car remarquez-le, Messieurs, dans ce pays notre
influence est d'autant plus légitime qu'elle ne demande
rien à ceux qui l'acceptent. Les services rendus par nos

diplomates, nos missionnaires, nos savants ou nos soldats : voilà nos titres. Il y eut un temps, et les Egyptiens ne l'ont pas oublié, où la France entrait de moitié dans les conseils de leur gouvernement. Ce que l'Egypte a gagné, l'histoire le prouve en comparant ce qu'elle était il y a un siècle et ce qu'elle est aujourd'hui, ce qu'elle deviendrait sous les maîtres étrangers qui l'oppriment. Ne l'oublions pas, Messieurs, les intérêts économiques, si respectables qu'ils soient, ne doivent pas être les seuls que nous ayons à défendre. Nous serions bien peu fidèles à notre génie national, si comme d'autres peuples, nous ne cherchions dans le protectorat de l'Orient qu'une ferme à exploiter. La France a un autre rôle à remplir que celui d'être la maison de commerce du Levant. Ce qu'elle doit à l'Egypte, ce n'est pas seulement la liberté, c'est encore la civilisation, et la civilisation intégrale telle que le christianisme l'a faite. Ne séparons point en Orient notre action politique de notre action morale et religieuse. Nous avons eu l'insigne honneur d'être pendant des siècles les représentants de l'Europe chrétienne et c'est toujours l'Evangile à la main que nous avons apparu à ces peuples. Ne renonçons pas, quoi que nous pensions, à ce glorieux privilège que l'Angleterre cherche à nous enlever à son profit. Dieu merci ! nous avons encore le monopole du dévouement. Tout l'or des sociétés bibliques ne vaudra jamais l'abnégation d'un frère des écoles ou d'une sœur de Saint-Vincent de Paul, chez ces Coptes surtout, si bien préparés par leurs traditions chrétiennes à notre apostolat. A l'ombre du drapeau de la France, nos missionnaires ont repris depuis un siècle les routes suivies autrefois par les disciples de Paul ou de Marc et après eux, d'Origène ou de Clément. Il semble que la grande Eglise des premiers temps endormie sous la conquête musulmane doive se réveiller à la voix de l'Occident. Rendre à cette nation copte la croyance intégrale et sans mélanges, la faire entrer dans le vaste concert de l'Eglise universelle, l'aider ainsi à reprendre son rôle intellectuel et religieux, faire revivre dans leurs descendants ces penseurs hardis et convaincus qui pendant trois siècles ont mené le chœur des sages, ayez cette ambition, Messieurs, vous qui avez une âme chrétienne, vous, croyants ou non, pour qui les mots de progrès, de civilisation même ne sont pas de vaines déclamations. Ce n'est pas une chimère d'espérer un jour une Egypte chrétienne, catholique. C'est à nous d'y travailler, persuadés surtout que c'est servir encore la cause de la France que servir celle de l'Evangile dans un pays où la politique et la religion sont si étroitement unies que tout client de la France ne peut être que catholique, que tout non catholique ne saurait être entièrement Français.

Je n'insiste pas sur ces idées; elles sont les vôtres, Messieurs. — Sous leur inspiration, vous vous êtes mis résolument à l'œuvre. Vous avez compris, en bons Français, que vous aviez un rôle à remplir en Egypte, celui d'être, en quelque sorte, les conducteurs de l'Etat dans notre politique étrangère. — Les événements même, en limitant son action, vous font un devoir d'étendre la vôtre. Là, où il se réserve, vous pouvez agir; là où s'arrête l'intervention officielle, passera la vôtre. Et c'est ainsi, simples citoyens, que voûs avez repris sur le Nil l'œuvre d'expansion de la France, sous la seule forme possible pour nous, l'école. J'aime le titre de votre société! Il est à lui seul tout un programme. On ne conquiert plus aujourd'hui les hommes par la violence, mais par les idées; et les idées ne triomphent que par l'éducation. Celle que vous rêvez pour la nation copte est vraiment un enseignement complet, laïque mais religieux, tel qu'il peut répondre à ses besoins. Ce ce sera votre force, Messieurs, d'avoir confié cet enseignement non pas à des Français, mais à des indigènes. Vous avez appelé en France quelques enfants. Grâce à vos ressources, vous leur avez permis de prendre place au foyer de nos écoles. Ce qu'ils y apprendront, ils l'enseigneront à leur tour. Ils seront un jour des maîtres formés par nos maîtres, élevés par nos méthodes, dans notre langue, nos idées, notre religion. L'école primaire française, voilà votre école normale d'instituteurs indigènes. Saluons, Messieurs, ces petits écoliers ; ils seront un jour des missionnaires de la patrie française. A leur tour, ils ouvriront à leurs pères ce trésor de connaissances que vous leur avez si généreusement partagé. — Il y a six mois, vous envoyiez le premier d'entre eux dans la haute Egypte. Oh ! le brave enfant de dix-huit ans ! Dans cette cabane de bambous qu'abrite le drapeau français où il rencontre chaque jour les écoliers de son village, il me semble l'entendre, enseignant dans nos vieux livres, ceux que nous avons lus et appris, les premières lettres de notre langue, et avec lui ces enfants répétant à leur tour à haute voix et en chœur, comme les nôtres, cette première page. Qu'il est doux, qu'il est consolant, ce concert improvisé, et comme il monte vers la France, tel qu'une prière, un hymne chanté par la voix de ces infiniment petits dont Dieu seul sait le nombre et qui porte au ciel le meilleur peut-être des accents de l'humanité.

Courage donc, messieurs. Vous avez pour vous ce qui fait les œuvres grandes, la foi dans l'effort libre et commun, la conviction que vous faites une œuvre bonne et que, quel que soit le résultat, vous aurez travaillé utilement pour le pays. Gardez-vous surtout de ces découragements possibles qui arrêtent trop souvent à la veille même du succès. Toute œuvre a deux sortes d'ennemis : les impatients et les sceptiques. Défions-nous des premiers, car ils nous préparent les seconds.

Les uns vous disent que vous n'avez rien fait, les autres en concluent qu'il n'y a rien à faire. Oh! les gens pressés! C'est un défaut bien français que celui de vouloir marcher vite. Nous ne savons pas jouir du voyage, inquiets que nous sommes de l'arrivée, que dis-je! du retour. Nous voyons toujours au delà. Gardons-nous cependant de ce mal spécial aux convaincus. On ne réussit qu'avec le temps, car chaque jour suffit à sa peine et ceux-là seuls font quelque chose qui mettent le grand ouvrier en tiers dans leur travail, et lui laissent le soin de préparer les bénéfices. Il a fallu des siècles à la France pour achever son unité. Qui sait combien de temps il lui faudra encore pour reprendre vers l'Orient sa marche?

Le succès final n'est en définitive que la somme d'efforts séculaires accumulés.

Répondrai-je aux indifférents? A ceux-là, Messieurs, vous avez répondu vous-mêmes et par le seul argument que notre scepticisme ne discute plus : le succès. Vous avez trouvé à Paris bien des adhésions, bien des patronages et, parmi vos membres d'honneur, je trouve des noms dont la France est fière parce qu'elle voit en eux comme les représentants de son génie national. En province, vous avez forcé déjà l'attention et l'estime publiques A Bordeaux, à Lille, à Nantes, votre orateur, le Père des Chesnais, a pu vous dire quelles sympathies il a éveillées, en passant, pour les Coptes et pour vous. N'hésitez pas, Messieurs, à l'exemple de l'apôtre vaillant, à vous adresser à votre tour à l'opinion. Allez partout, ouvriers d'une conquête pacifique, et si, ce qu'à Dieu ne plaise, vous deviez vous heurter à l'indifférence, à l'abstention des pouvoirs publics, redoublez d'efforts : vous avez un allié plus sûr encore que le pouvoir, c'est l'opinion. Il ne sera pas dit qu'en France, l'initiative privée sera moins féconde qu'en Angleterre, en Italie, en Allemagne ; que nous laisserons, sans réagir, des sociétés rivales combattre notre influence en Orient. A ces œuvres nationales, la France ne refusera jamais ni ses sympathies, ni son or.

Vous serez forts devant elle de votre patriotisme. Nous n'avons que trop entendu, hélas! de ces paroles qui divisent, et trop souffert de nos haines, de nos faiblesses ou de nos fautes. Nous avons besoin d'oublier. Dites à ce pays qu'il a autre chose à faire qu'épuiser ses énergies dans des luttes stériles, sans avenir et sans honneur. Si notre patrie divisée comprend enfin les bienfaits de l'union, vous serez d'autant mieux accueillis que vous viendrez un rameau d'olivier à la main, ayant aux lèvres ces paroles qui relèvent. Oui, votre œuvre est consolante et saine. Elle prouve que ce pays a encore assez de serviteurs intelligents et courageux, sur le dévouement desquels il peut compter. En la faisant, ce n'est pas seulement l'intérêt de la France que vous servirez, c'est à son âme même, si je puis parler ainsi, que vous ferez du bien.

Travaillez, parlez, agissez, mes chers amis, et ayez foi dans l'avenir. Il est en nos mains. — Rien n'est immuable ici-bas, l'effacement pas plus que la gloire, car la Providence nous laisse le choix entre la mort ou la vie.

Il y a trois mois, j'étais dans les Alpes. Un soir, au point précis où se séparent le versant italien et celui de l'Autriche, au col de la Maloïa, j'étais monté sur un petit tertre pour voir le coucher du soleil. C'était l'heure où, après une chaude journée, la lumière douce et dorée se jouait sur les cimes, reculant peu à peu devant la grande tache d'ombre qui montait des vallées. Puis lentement le soleil disparut ; le voile s'étendit sur les sommets jusque-là colorés, les couvrant sans les éteindre, et dans le pâle éclat de la nuit on apercevait toujours

des points lumineux comme des étoiles, au front gris
des montagnes, qui dominaient la mer confuse des té-
nèbres. C'était l'adieu du jour, le dernier reflet du ciel
qui devait veiller jusqu'au matin sur la nature endormie — et je me disais à moi-même, songeant à la
France, qu'elle aussi la douce lumière semblait des-
cendre, laissant monter le soir, triste et mystérieux,
après tant d'heures éblouissantes, et soudain, jetant les
yeux sur le globe, je retrouvais encore çà et là bien des
lueurs semblant attendre et promettre le jour. — Ah !
puissent ces reflets nous ramener l'aurore quand, au
réveil du matin, la tache blanche s'étend, grandit et,
couvrant peu à peu la plaine, verse sur l'homme le ra-
dieux éclat de ses rayons.

Allocution du R. P. LE MENANT DES CHESNAIS

Il me paraît impossible de clore cette séance sans
souligner un nom illustre entre tous qui a été prononcé
dans l'intéressant compte rendu de votre rapporteur.
M. le Vice-Président, en quelques mots, a rappelé le
deuil récent qu'a fait éprouver à l'Eglise et à la France
la mort du cardinal Lavigerie. Nul plus que moi n'a été
cruellement affligé de cette perte irréparable. J'ai eu
l'honneur d'être quelque temps l'hôte et, je n'ose dire le
collaborateur, plutôt l'obscur serviteur de l'archevêque
d'Alger. J'ai été le témoin de ses labeurs, de ses efforts,
de son incroyable activité si persévéramment dépensée
au service de la Foi catholique et des intérêts français. En vivant dans son intimité j'ai vite appris à aimer
celui que de loin j'admirais depuis longtemps.

On ne sait pas assez les merveilleuses qualités de ce
caractère énergique et magnanime, de ce cœur tout de

charité et de dévouement, de cette intelligence pour qui rien ne semblait difficile et qui trouvait sans peine la solution des plus ardus problèmes. Uniquement ambitieux du bien, infatigable au travail, incapable d'une défaillance, le cardinal Lavigerie n'eut jamais ni crainte ni hésitation. En face du devoir, si pénible qu'il fût, il ne connaissait aucun obstacle. Rien n'arrêtait, rien ne pouvait ralentir son zèle et d'courager son apostolat. Essentiellement fait pour gouverner, habile à manier les hommes et les choses, il embrassait dans sa pensée et réalisait dans la pratique, tout ensemble, les entreprises les plus diverses, traçant en quelques coups de crayon hâtif les plans et les programmes, et, sous l'invincible pression de sa volonté, forçant et détruisant toutes les résistances. Prêtre austère et à la fois véritable charmeur, il domptait les uns, séduisait les autres, entraînait tout le monde. Ses tournées en Europe ressemblèrent à des marches triomphales. Ceux qui le redoutaient ne pouvaient s'empêcher de l'aimer. Il avait au plus haut degré le prestige et l'attraction. Hardi sans témérité et sûr de lui-même, il allait droit au but. Son autorité jamais contestée, parfois dure aux grands, se faisait douce aux petits ; et malgré les apparentes rudesses de son commandement, il alliait dans un étonnant contraste la bonté la plus exquise à la plus impérieuse vivacité, plein de mansuétude en sa force et d'indulgence en sa sévérité.

Toute œuvre patriotique et religieuse perd en lui un incomparable soutien ; et bien qu'il n'ait eu directement aucune action sur nos missions d'Egypte, l'éclatante renommée de ses travaux était, dans tout l'Orient, une puissance pour nos écoles françaises. Sa prodigieuse influence n'a pas tout entière disparu avec lui. Son souvenir si populaire sera toujours un honneur pour notre pays ; et les œuvres multiples qu'il a créées en Algérie, en Tunisie, au Sahara, au Soudan, et dont les plus importantes lui survivront, resteront pour nous une force de premier ordre.

Les vaillants missionnaires qu'il a envoyés comme des croisés à la conquête du continent nègre garderont filialement les nobles traditions de leur admirable fondateur. Un temps viendra, qui peut-être n'est pas éloigné, où nos jeunes écoliers coptes d'aujourd'hui, plus tard instituteurs français sur les bords du Nil, rencontreront dans leur laborieuse et fructueuse mission, les héroïques Pères Blancs du centre africain. Les uns et les autres poursuivent la même tâche sacrée ; ils se tendront la main ; et, dans un commun effort, ils planteront victorieusement sur ces terres barbares la croix du Christ et le drapeau de la France.

Il est donc juste qu'avant de se séparer ce soir, la Société française des Écoles coptes d'Egypte unisse dans un même hommage et salue de toutes ses sympathies et de tout son respect les missionnaires de Notre-Dame d'Afrique et la mémoire à jamais glorieuse de leur père, le cardinal Lavigerie.

ÉMILE COLIN — IMPRIMERIE DE LAGNY